RÉPUBLIQUE FRANÇAISE
LIBERTÉ. — ÉGALITÉ. — FRATERNITÉ.

Ville de Paris

MAIRIE DU VIe ARRONDISSEMENT
Place Saint-Sulpice

CATALOGUE
DE LA
Bibliothèque Municipale
DE
PRÊT GRATUIT A DOMICILE

Supplément

PARIS
HENRI CHARLES-LAVAUZELLE
Éditeur militaire
118, Boulevard Saint-Germain, Rue Danton, 10

(MÊME MAISON A LIMOGES)

RÈGLEMENT

POUR LE PRÊT DES LIVRES

AUX PERSONNES DES DEUX SEXES

ARTICLE PREMIER. — Pour être admis à recevoir des livres en prêt, il faut :

1° Etre âgé de seize ans au moins ;

2° Justifier de son domicile dans le VI° arrondissement.

ART. II. — Toute personne autorisée à recevoir des livres en prêt sera munie d'un livret fourni gratuitement par la mairie et sur lequel seront inscrits, par le bibliothécaire : 1° Le numéro du volume prêté et son titre ; 2° l'indication de l'état du volume ; 3° la date du prêt ; 4° la date de la rentrée.

ART. III. — Les prêts seront faits à la bibliothèque tous les jours de la semaine, de 4 heures à 6 heures et de 8 heures à 10 heures du soir, et le dimanche de 9 heures à 11 heures du matin, les jours de fête exceptés.

ART. IV. — Les ouvrages destinés au prêt à domicile porteront une estampille spéciale.

ART. V. — Il ne sera fait de prêt aux mineurs que sous la responsabilité des parents, tuteurs ou patrons.

ART. VI. — Aucun volume ne pourra être conservé plus de quinze jours sans avoir été représenté. Au delà de ce terme, la restitution du volume sera d'abord réclamée par lettre et pourra, au besoin, être poursuivie par les voies de droit, aux frais des retardataires.

ART. VII. — Les personnes qui auraient détérioré ou perdu des livres devront en rembourser la valeur, qui sera déterminée par la commission.

ART. VIII. — En cas de changement de domicile, le lecteur devra toujours faire connaître sa nouvelle adresse.

ART. IX. — Tout lecteur inscrit sera considéré comme ayant adhéré au présent règlement.

RÉPUBLIQUE FRANÇAISE
LIBERTÉ. — ÉGALITÉ. — FRATERNITÉ.

Ville de Paris

MAIRIE DU VIᵉ ARRONDISSEMENT
Place Saint-Sulpice

CATALOGUE
DE LA
Bibliothèque Municipale
DE
PRÊT GRATUIT A DOMICILE

Supplément

PARIS
Henri CHARLES-LAVAUZELLE
Éditeur militaire
118, Boulevard Saint-Germain, Rue Danton, 10

(MÊME MAISON A LIMOGES)

DIVISIONS DU CATALOGUE

I. Philosophie, Morale............................	5
II. Economie politique et sociale, Législation, Administration.................................	6
III. Histoire, Biographie	7
IV. Géographie et Voyages.......................	10
V. Littérature, Poésie, Théâtre....................	12
VI. Romans français et étrangers...................	15
VII. Enseignement, Pédagogie......................	20
VIII. Sciences mathématiques.......................	21
IX. Sciences physiques et naturelles...............	21
X. Agriculture, Industrie, Métiers et commerce....	22
XI. Sciences médicales, Hygiène...................	23
XII. Sciences militaires............................	24
XIII. Beaux-Arts et Arts industriels.................	25
— Musique...	25
XIV. Bibliothèque de la jeunesse....................	26
Table alphabétique des noms d'auteurs........	27

Nota. — *Le nombre des volumes n'est indiqué que pour les ouvrages qui en comportent plusieurs.*

CATALOGUE

DE LA

BIBLIOTHÈQUE MUNICIPALE

Place Saint-Sulpice

SUPPLÉMENT

I

PHILOSOPHIE — MORALE

4557 **Bonet-Maury** (G.). Le congrès des religions à Chicago en 1893.
4842 **Fichte** (G.). Discours à la nation allemande.
4471 **Janet** (Paul). Philosophie de la Révolution française.
4468 **Liard** (Louis). Les Logiciens anglais contemporains.
4183 **Maureil-Parot** (Elia). Le devoir de demain.
4489 **Nadaud** (Martin). Mémoires de Léonard, ancien garçon maçon.
4360 **Nicolas** (George). Tu seras chef de famille.
4216 **Papillon** (F.). Histoire de la Philosophie moderne. 2 vol.
4479 **Réthoré** (F.). Science des Religions.
4432 **Stupuy** (H^{te}). Œuvres philosophiques de Sophie Germain.
4436 **Tomel** (Guy) et **Rollet** (Henri). Les enfants en prison.

II

ÉCONOMIE POLITIQUE ET SOCIALE
LÉGISLATION — ADMINISTRATION

4211 **Batbie** (A.) et **Boillot** (A.). Traité théorique et pratique de droit public et administratif. Supplément. Tome IX.
4669 **Bocher** (A.). La fin de l'Europe.
4668 — La France dans l'avenir.
4670 — Les progrès modernes.
4667 — L'Univers: Hier. Aujourd'hui. Demain.
4180 **Chantagrel** (M. J.). Précis d'instruction civique et d'administration communale.
4363 **Delorme** (Marie). Les petits cahiers de Mme Brunet.
4362 **Desmaisons** (L.-Ch.). Tu seras ouvrière.
4795 **Destruels** (E.). Traité pratique de législation anglaise sur les sociétés anonymes.
4825 **Dubois** (Marcel). Systèmes coloniaux et peuples colonisateurs.
4192 **Dubucquoy** (A.). Manuel pratique des sociétés scolaires de secours mutuels et de retraites.
4311 **Dubuisson** (F.). Discours parlementaires de Jules Roche.
4689 **Franklin** (Alfred). Comment on devenait patron.
4686 — La mesure du temps.
4359 **Ganneron** (Emile). Tu seras citoyen.
4662 **Haussonville** (Le comte d'). Etudes sociales.
4844 **Huret** (Jules). Enquête sur la question sociale en Europe.
4187 **Jèze** (Gaston). Etude théorique et pratique sur l'occupation comme mode d'acquérir les territoires en droit international.
4488 **Juillet Saint-Lager** (Marcel). Elections municipales : application des lois des 5 avril 1884 et 22 juillet 1889.
4848 **Lailler** (Maurice). Les erreurs judiciaires et leurs causes.
4843 **Le Pelletier** (Emile). Manuel pratique de la loi du 12 janvier 1895 sur la saisie-arrêt.

4556 *L'expansion de la France et de la diplomatie : Hier. Aujourd'hui.*
4223 **Loiseleur** (Jules). Les crimes et les peines.
4361 **Matrat** (Paul). Tu seras prévoyant.
4185 **Parlon** (Léon). De l'ingérence du clergé dans la politique.
4428 **Passy** (Frédéric). Vérités et paradoxes.
4194 **Paulian** (Louis). Paris qui mendie.
4196 **Pichon** (S.). La diplomatie de l'Église sous la troisième République.
4727 **Routier** (Gaston). Les droits de la France sur Madagascar.
4406 **Saint-Albin** (Emm. de). Les Bibliothèques munipales de la Ville de Paris.
4663 **Saint-Paul** (Bertrand). Notions de pratique de travaux à l'usage des piqueurs municipaux et des candidats à ces divers emplois.
4187 **Seignobos** (Mme D.). Le livre des petits ménages.
4672 **Strauss** (Paul). L'enfance malheureuse.
4658 **Tarbouriech** (E.). La responsabilité des accidents dont les ouvriers sont victimes dans leur travail.

III

HISTOIRE — BIOGRAPHIE

4498 **Amélineau** (E.). Les Moines égyptiens : Vie de Schnoudi.
4499 — Résumé de l'histoire de l'Egypte.
4408 **Antoine** (J.-B.). Mémoires du général baron Roch Godart : 1792-1815.
4757 **Armelin** (Gaston). Le Livre d'or de 1870.
4218 **Aron** (Joseph). Les deux républiques sœurs : France et Etats-Unis.
4661 **Auriac** (Eugène d'). Histoire de l'ancienne cathédrale et des évêques d'Albi.
4717 — L'avant-dernier siège de Metz en 1552.
4410 **Barral** (Georges). L'épopée de Waterloo.
4470 **Bertin** (Ernest). La société du Consulat et de l'Empire.

4407	**Bertin** (Georges). La campagne de 1812.
4758	— Madame de Lamballe.
4517	**Blaze** (Sébastien). Mémoires d'un aide-major sous le premier empire.
4214	**Bordone** (Général). Garibaldi et l'armée des Vosges.
4186	**Boudin** (David). Page d'histoire du moyen âge, suivie de faits datant de la Renaissance et des siècles suivants en ce qui touche la Bourgogne.
4485	**Challamel** (Augustin). Histoire de la liberté en France depuis les origines jusqu'en 1789. 2 vol.
4402	**Chambon** (M.). Mémoires de la duchesse d'Abrantès : La Révolution. Le Directoire. Le Consulat.
4414	**Claretie** (Jules). Camille Desmoulins. Lucie Desmoulins.
4465	**Daltenheyem** (Mme B.). Récits de l'histoire d'Angleterre depuis Jules César jusqu'à nos jours.
4643	**Deschaume** (Ed.). L'Armée du Nord 1870-1871 : Général Faidherbe.
4475	**Duplais** (L.). Figures maritimes et rochefortaises.
4313	**Dutremblay** (D. Louis). Un séjour dans la république de Saint-Marin.
4847	**Etiévant** (Alfred). La monarchie française : Introduction à l'Histoire de la Révolution.
4364	**Fabre** (Joseph). Le mois de Jeanne d'Arc.
4671	**Geffroy** (Gustave). L'enfermé avec le masque de Blanqui.
4200	**Grenest.** L'armée de la Loire : Toury. Orléans. Coulmiers. Beaune-la-Rolande, etc.
4201	— Beaugency. Vendôme. Le Mans. Sillé-le-Guillaume, etc.
4198	— L'Armée de l'Est : La Bourgonce. Rambervillers Cussey, etc.
4199	— L'Armée de l'Est : Nuits. Villersexel. Héricourt. Dijon, etc.
4261	**Guadet** (J.). Les Girondins.
4420	**Guillon** (E.). Les complots militaires sous la Restauration.
4440	**Guizot** et **Cornélis de Witt.** Histoire de Washington et de la fondation de la République des Etats-Unis.
4518	**Houssaye** (Arsène). Mlle de la Vallière et Mme de Montespan.
4764	— Notre-Dame de Thermidor.
4845	**Isambert** (Gustave). La vie à Paris pendant une année de la Révolution.
4664	**Janzé** (de). Les Huguenots : Cent ans de persécution 1685-1789.
4413	**Jarras** (Mme). Souvenirs du général Jarras, chef d'état-major de l'armée du Rhin, 1870.
4614	**Jehan de la Cité.** L'Hôtel-de-Ville de Paris et la Grève à travers les âges.
4237	**Lano** (Pierre de). La cour de Berlin.
4296	**Larivière** (Ch. de). Catherine II et la Révolution française.

4401 **Lecoy de la Marche** (A).. La France sous saint Louis.
4271 **Legrand** (Louis). La Révolution en Hollande : La République batave.
4651 **Lejeune** (Mémoires du général). De Valmy à Wagram.
4652 — En prison et en guerre 1809-1814.
4480 **Le Mansois-Duprey.** L'esprit de Joseph Prudhomme.
4197 — De Montmartre à Montrouge.
4846 **Lissagaray.** Histoire de la Commune de 1871.
4411 **Loizillon** (Henri). La campagne de Crimée.
4729 **Melegari** (D.). La cour de Berlin.
4495 **Menant** (J.). Les Yezidiz.
4794 **Ménorval** (E. de). Paris depuis ses origines jusqu'à nos jours. 3 vol.

> 1re partie, depuis les temps les plus reculés jusqu'en 1380.
> 2e — de 1380 à 1589.
> 3e — de 1589 à 1715.

4781 **Moltke** (maréchal comte de). La guerre de 1870.
4272 **Montégut** (Emile). Le maréchal Davout.
4659 *Noms révolutionnaires des communes de France (Index des).*
4203 **Perdoux** (Victor). Précis d'Histoire contemporaine. 1789-1848.
4404 **Pitot** (le lieutenant). Historique du 83e Régiment d'infanterie, 1864-1891.
4215 **Port** (Célestin). La Vendée angevine, janvier 1789, 31 mars 1793, 2 vol.

> T. I. Les Origines.
> T. II. L'insurrection.

4298 **Pottet** (Eugène). La conciergerie du Palais de Paris.
4703 **Prévost-Paradol.** Essai sur l'Histoire universelle. 2 vol.
4274 **Rousset** (Camille). Histoire de la guerre de Crimée. 2 vol.
4208 **Rouvier** (Charles). Histoire des marins français sous la République 1789-1803.
4409 **Saint-Elme** (Ida). Mémoires d'une contemporaine.
4452 **Salières** (A.). Une poignée de héros.
4536 **Sassenay** (Marquis de). Les derniers mois de Murat.
4501 **Sayce** (A.-H.). Les Hétéens : Histoire d'un empire oublié.
4709 **Schiller.** Histoire de la guerre de Trente ans.
4653 **Ségur** (Général comte de). Un aide de camp de Napoléon.
4654 — Du Rhin à Fontainebleau.
4655 — La campagne de Russie.
4398 **Sepet** (Marius). Jeanne d'Arc.
4708 **Sylvanecte.** Profils vendéens.
4288 **Taine** (H.). Derniers essais de critique et d'histoire.

4486 **Thierry** (Amédée). Histoire d'Attila et de ses successeurs.
4209 **Todiere** (M.). L'Angleterre sous les Trois Edouard.
4178 **Tournier** (Albert). Gambetta.
4793 **Trébuchet** (L.). Un Compagnon de Jeanne d'Arc.
4332 **Weil** (Georges). Pages choisies de Mignet.
4419 **Welschinger** (Henri). Le divorce de Napoléon.

IV

GÉOGRAPHIE ET VOYAGES

4193 **Ajalbert** (Jean). En Auvergne.
4177 **Beissier** (Fernand). Le pays d'Arles.
4534 **Bentzon** (Th.). Les Américaines chez elles.
4812 **Bleicher** (G.). Les Vosges, le sol, les habitants.
4278 **Boissier** (Gaston). L'Afrique romaine.
4673 **Bonvalot** (Gabriel). L'Asie inconnue. A travers le Thibet.
4221 **Bougainville.** Voyage autour du monde.
4575 **Boulangier** (Edgar). Voyage à Mervy.
4269 **Brunet** (Louis). La France à Madagascar. 1815-1895.
4576 **Cagnat** (R.) et **Saladin.** Voyage en Tunisie.
4530 **Cahu** (Théodore). De Paris à Constantinople.
4577 **Cameron** (V.-L.). Notre future route de l'Inde.
4514 **Céalis** (Edouard). De Sousse à Gafsa.
4529 **Constant de Tours.** En Belgique.
4578 **Cotteau** (Edmond). En Océanie : Voyage autour du monde en 365 jours.
4416 **Dalmas** (Le comte R. de). Les Japonais.
4386 **Demage** (G.). A travers le Sahara.
4784 **Dubois** (Félix). Tombouctou la mystérieuse.
4804 **Dubois** (Marcel). Précis de Géographie à l'usage des candidats à l'Ecole spéciale militaire de Saint-Cyr.
4500 **Dumoutier** (G.). Les symboles, les emblèmes et les accessoires du culte chez les Annamites.
4579 **Farini** (G.-A.). Huit mois au Kalahari.
4516 **Flers** (Robert de). Vers l'Orient.
4417 **Garnier** (Jules). La Nouvelle-Calédonie : côte occidentale.

4314	**Grandin** (Mme Léon). Impressions d'une Parisienne à Chicago.
4222	**Grandjean** (Maurice). En Tyrol.
4580	**Labonne** (Dr Henry). L'Islande et l'archipel des Faeroeer.
4805	**Lapparent** (A. de). Leçons de Géographie physique.
4315	**Launay** (de). La vallée d'Aulnay.
4548	**Leroux** (Hugues). Je deviens colon.
4210	**Levy** (Daniel). Les Français en Californie.
4388	**Mael** (Pierre). Une Française au pôle nord.
4318	**Malot** (Hector). La Vie moderne en Angleterre.
3950	**Martin** (Alexis). En France : Promenades et excursions dans les environs de Paris. Région du nord. 3 vol.

T. I. La vallée de Montmorency. Les bords de l'Oise, etc.
T. II. De Senlis à Compiègne et à Noyon. Pierrefonds, etc.
T. III. Creil. Clermont. Beauvais, etc.

4806	— Région du sud. 3 vol.

T. I. Melun. Fontainebleau, etc.
T. II. Etampes. Orléans, etc.
L. III. Dourdan et la vallée de l'Orge. Arpajon. Montlhéry, etc.

4808	— De Paris au Tréport par Amiens.
4807	— Tout autour de Paris.
4174	— Une visite à Beauvais.
4809	— Une visite à Dunkerque et dans la Flandre maritime.
4175	— Une visite à Orléans.
4176	— Une visite à Versailles et aux Trianons.
4316	**Martineau** (A.). Madagascar.
4460	**Monnier** (Marc). Pompéi et les pompéiens.
4581	**Montano** (Dr. J.). Voyage aux Philippines et en Malaisie.
4785	**Nansen** (Fridtjof). Vers le pôle.
4559	**Pensa** (Henri). L'Egypte et le Soudan égyptien.
4782	**Piolet** (J.-B.). Madagascar et les Hovas.
4170	**Porcher** (Jacques). Le pays des Camisards.
4476	**Prescott** (W.-H.). Vie de Fernand Cortès.
4582	**Rabot** (Charles). A travers la Russie boréale.
4463	**Radiguet** (Max). Les derniers sauvages : La vie et les mœurs aux îles Marquises.
4666	**Robischung** (F.-A.). Un touriste alpin.
4583	**Rousset** (Léon). A travers la Chine.
4490	**Saint-Arroman** (R. de). Les missions françaises. 2 vol.
4645	**Talboys-Weheler** (J.). Les Anglais dans l'Inde. 1700-1805.
4584	**Tanneguy de Wogan**. Voyages du canot en papier.
4585	**Thomson** (Joseph). Au pays des Massaï.
4303	**Tissot** (Victor). Russes et Allemands.
4302	— La Suisse inconnue.

4171 **Trebuchet** (Léon). La baie de Cancale.
4173 — Les baies de Saint-Malo et de Saint-Brieuc.
4172 — Belle-Isle-en-Mer.
4586 **Ujfalvy-Bourdon** (Mme de). Voyage d'une parisienne dans l'Himalaya occidental.
4560 **Vandherheym** (J.-G.). Une expédition avec le negous Menelik.
4365 **Varigny** (C. de). La femme aux États-Unis.
4275 **Verschuur** (G.). Voyage aux trois Guyanes et aux Antilles.
4249 **Vinson** (Julien). D'Alger au Cap.
4574 **Witt** née **Guizot** (Mme de). Mont et manoir en Normandie.

V

LITTÉRATURE — POÉSIE — THÉATRE

4326 **Aicard** (Jean). La chanson de l'enfant.
4756 — Jésus.
4765 **Avenel** (Henri). Chansons et chansonniers.
4276 **Bardoux** (M.-A.). Guizot.
4264 **Barine** (Arvède). Alfred de Musset.
4262 **Baron** (Léon). Le Souvenir.
4590 **Bertheroy** (Jean). Ximénès.
4591 **Bonnemain** (Henri). Pierre Loti.
4239 **Bouffé**. Souvenirs : 1800-1880.
4735 **Boukay** (Maurice). Nouvelles chansons.
4217 **Brachet** (Auguste). L'Italie qu'on voit et l'Italie qu'on ne voit pas.
4474 **Brizeux** (Auguste). Les Bretons.
4472 — Histoires poétiques.
4473 — Œuvres. 2 vol.
4561 **Brunetière** (Ferdinand). Les époques du Théâtre Français : 1636-1850.
4265 — Etudes critiques sur l'Histoire de la littérature française. 5 vol.

    1re série : Pascal, Molière, Racine, Voltaire, etc.
    2e — Les Précieuses. Bossuet et Fénelon, etc.
    3e — Descartes, Pascal, Le Sage, etc.
    4e — Le Roman français au xviie siècle, etc.
    5e — La Réforme de Malherbe et l'évolution des genres, etc.

4240 **Bruno** (Camille). Piécettes : Lectures et représentations de salon.
4711 **Chalon** (Henri). Chrétiens et musulmans.
4841 *Conférences* faites aux matinées classiques du théâtre national de l'Odéon. 7 vol.
4219 **Coppée** (François). Œuvres complètes.

    T. II. Prose.
    T. III. Théâtre.

4593 **Croiset** (Maurice). Homère.
4594 **David-Sauvageot**. Morceaux choisis des classiques français. 3 vol.
4469 **Diderot**. Extraits.
4731 **Doumic** (René). Les jeunes.
4266 **Du Camp** (Maxime). Le Crépuscule.
4245 **Dupuy** (Ernest). Victor-Hugo : L'homme et le poète.
4477 **Faguet** (Emile). La Fontaine.
4694 **Feuillet** (Octave). Roman d'un jeune homme pauvre. (Théâtre).
4281 **Filon** (Augustin). Mérimée et ses amis.
4330 **Flaubert** (G.). Pages choisies par G. Lanson.
4334 **Fouillée** (Alfred). Pages choisies de J. M. Guyau.
4191 **Gallot** (L.). La Pharsale de Lucain.
4331 **Gautier** (Théophile). Pages choisies par Paul Sirven.
4267 **Greard** (Octave). *Prevost-Paradol*. Etude suivie d'un choix de lettres.
4212 **Hardy** (H.). Langue nationale des Français ou la lettre et l'esprit.
4564 **Haussonville** (Comte d'). Lacordaire.
4381 **Hugo** (Victor). Toute la Lyre.
4333 **Huguet** (Edmond). Pages choisies de Rabelais.
4732 **Ibsen** (Henrik). Le petit Eyolf.
4478 **Jeannel** (C.-J.) La morale de Molière.
4565 **Lafenestre** (Georges). La Fontaine.
4228 **Lamartine** (A. de). Toussaint Louverture.
4324 **Lambert** (Albert). Sur les planches.
4282 **Lanson** (Gustave). Histoire de la Littérature française.
4374 **Laprade** (Victor de). Le Livre d'un père.
4570 **Larroumet** (Gustave). L'Art et l'Etat en France.
4242 — La Comédie de Molière.
4283 — Etudes de Littérature et d'Art.
4377 **Legouvé** (Ernest). Epis et Bleuets.
4284 **Lenient** (Ch.). La Poésie patriotique en France. 3 vol.
4728 **Le Senne** (Camille). Le théâtre à Paris, 1883-1889. 5 vol.
4213 **Lichtenberger** (Ernest). Etudes sur les poésies lyriques de Gœthe.
4232 **Lope de Rueda**. La Comédie espagnole.
4566 **Mézières** (A.). *Gœthe;* les œuvres expliquées par la vie, 1795-1882. 2 vol.

4558	**Mézières** (A.). Pétrarque.
4220	**Milton.** La perte d'Eden. Le Paradis perdu.
4336	**Michelet.** Pages choisies (par Seignobos).
4780	**Moltke** (Maréchal comte de). Lettres à sa mère et à ses frères Adolphe et Louis, 1823-1888.
4606	**Monceaux** (Paul). Cicéron.
4607	**Morillot** (P.) Lesage.
4771	**Nibor** (Yann). Chansons et récits de mer.
4776	— Gens de mer.
4772	— Nos matelots.
4252	**O'Meara** (K.) Un Salon à Paris.
4306	**Parodi** (Alexandre). Théâtre. 2 vol.

    T. I. Ulm le Parricide. Rome vaincue. Séphora.
    T. II. La Jeunesse de François Ier. La reine Juana. Le Triomphe de la paix.

4445	**Quinet** (Edgar). Correspondance : Lettres à sa mère 2 vol.
4286	**Reinach** (Joseph). Diderot.
4338	**Renan** (Ernest). Pages choisies.
4789	**Richepin** (Jean). Le Chemineau.
4608	**Robertet** (G.) Ad. Thiers.
4609	**Rocheblave** (S.) Chateaubriand.
4698	**Rolle** (Georges). Epis et bleuets.
4697	**Roques** (Antonin). Pièces dramatiques et poésies diverses.
4466	**Rousseau** (J.-J.) Morceaux choisis.
4238	**Samson** (de la Comédie française). Mémoires.
4337	**Sand** (George). Pages choisies par Rocheblave.
4309	*Saynètes et Monologues.* 8 vol.

    T. I. Professeur de déclamation. Un proverbe manqué, etc.
    T. II. Ancien Pierrot. La Veille du mariage. Tizianello, etc.
    T. III. Le Capitaliste. Infanterie et Cavalerie. Le Clown, etc.
    T. IV. Le Rhumatisme. Le Codicille. Autrefois, etc.
    T. V. L'Obsession. Trois jeunes filles. Un samedi soir, etc.
    T. VI. Les Ecrevisses. Un Caissier. L'homme qui a réussi, etc.
    T. VII. Le Coucher de Monsieur. Certitude. Le Diapason, etc.
    T. VIII. Madame Boulard. La Goutte d'eau. Canuche, etc.

4767	**Sextius-Michel.** Aurores et couchants.
4462	**Sophocle.** Tragédies.
4568	**Spuller** (E.). Royer-Collard.
4287	**Stapfer** (Paul). Montaigne.
4467	**Tivier** (H.). Histoire de la Littérature française.
4444	**Touche** (C.). Les Adolescentes.
4241	**Viennet** (M.). Fables nouvelles.
4611	**Vigny** (Alfred de). Cinq-Mars.
4457	**Virgile.** Les Géorgiques, les Bucoliques et le IVe livre de l'Enéide de Virgile.
4588	**Vogüé** (Vicomte Melchior de). Devant le siècle.

VI

ROMANS FRANÇAIS ET ÉTRANGERS

4695 **Achard** (Amédée). Clos-Pommier.
4328 **Aicard** (Jean). L'été à l'ombre.
4327 — Roi de Camargue.
4464 **Aimard** (Gustave). Le grand chef des Aucas. 2 vol.
4226 **Ainsworth** (W. Harrisson). Crichton. 2 vol.
4366 **Alone** (F.). Autour d'un lapin blanc.
4400 **Ardouin-Dumazet**. Une armée dans les neiges.
4738 **Arène** (Paul). Friquettes et Friquets.
4631 **Arthez** (Danielle d'). L'excellent baron de Pic-Ardant.
4539 **Artois** (Armand d'). Le sergent Balthazar.
4391 **Assolant** (A.). Montluc le Rouge.
4774 **Auriac** (Eugène d'). D'Artagnan.
4718 — Charlotte.
4589 **Badin** (Adolphe). Minine et Pojarski.
4277 **Barine** (Arvède). Bourgeois et gens de peu.
4540 **Bazin** (René). Terre d'Espagne.
4205 **Beecher-Stowe** (Mᵉ H.). Coups d'épingles.
4700 **Belot** (Adolphe). Le Secret terrible.
4367 **Benedict**. La Madone de Guido-Reni.
4623 **Bentzon** (Th.). Geneviève Delmas.
4345 **Berkeley** (Charles de). Vieille histoire.
4382 **Berr de Turique** (Julien). La petite chanteuse.
4590 **Bertheroy** (Jean). Ximénès.
4357 **Blanc** (Martial). Les Prisonniers de Bou-Amâma.
4370 **Blandy** (S.). Fils de veuve.
4369 — L'oncle Philibert.
4656 — Au tournant du chemin.
4696 **Bourget** (Paul). Le Disciple.
4317 **Boussenard** (Louis). Orphelin.
4541 **Brada**. Joug d'amour.
4418 **Braddon** (M.-E.). L'amour et l'argent.
4383 **Brunet** (J.-F.). Les jeunes aventuriers de la Floride.
4554 **Brunetière** (Ferdinand). Le roman naturaliste.
4353 **Burnett** (Mʳˢ). Princesse Sarah.

4542	**Busnach** (William). Cyprienne Guérard.
4633	**Cahu** (Th.). Le cachalot blanc.
4740	— La rançon de l'honneur.
4739	— Vendus à l'ennemi.
4592	**Candiani** (R.). Pougatcheff.
4535	**Caro** (Mme E.). Les lendemains.
4435	**Cauvain** (Henry). Maximilien Heller.
4227	**Cerfberr** (Gaston). Les mauvaises farces.
4248	**Champfleury**. Monsieur de Boisdhyver.
4449	— Les Excentriques.
4394	**Champol**. Anaïs Evrard.
4562	**Cherbuliez** (Victor). Après fortune faite.
4292	**Chéron de la Bruyère** (M^e). Giboulée.
4442	**Chincholle** (Charles). Le joueur d'orgue.
4279	**Cim** (Albert). Entre camarades.
4304	**Claretie** (Jules). L'Américaine.
4395	**Coignet** (J.). Chez mon oncle.
4247	**Conscience** (Henri). Le Conscrit.
4730	**Cornut** (Samuel). Miss.
4605	**Crawford** (F. Marion). Zoroastre.
4786	**Danrit** (Le capitaine). L'Invasion noire, 4 vol.
4431	**Dareste** (Rodolphe). La Saga de Nial.
4779	**Daudet** (Alphonse). La Fédor.
4434	**Davyl** (Louis). Les enfants de la balle.
4778	**Delorme** (Amédée). Lettres d'un zouave.
4571	**Deschamps** (François). L'intrépide Marcel.
4293	— Mon ami Jean.
4563	— Au lys d'argent.
4543	**Deschamps** (Gaston). Chemin fleuri.
4231	**Deslys** (Charles). Le serment de Madeleine.
4244	**Desmarest** (Henri). Hors le monde.
4741	**Destin**. Mieux que l'amour.
4595	**Dieulafoy** (Jane). Volontaire 1792-1793.
4230	**Dionys** (F.). Les funérailles du passé.
4759	**Docquois** (Georges). Bêtes et gens de lettres.
4294	**Dombre** (R.). La Garçonnière.
4643	— Pain d'épice.
4307	**Dostoievsky** (Th.). Les Étapes de la folie.
4233	**Double** (Lucien). L'empereur Titus.
4761	**Drumont** (Édouard). De l'or, de la boue, du sang.
4760	— Mon vieux Paris.
4657	**Dubarry** (Armand). Les colons de Tanganika.
4614	**Dubois** (Félix). La vie au continent noir.
4509	**Dumas** (Alexandre). Le Collier de la Reine, 3 vol.
4714	— Gabriel Lambert.
4510	— Les Quarante-Cinq, 3 vol.
4777	— Salvator, 5 vol.
4615	**Dupin de Saint-André** (F.). Ce qu'on dit à la maison.
4692	**Dupuy** (Antonin). Le comte de Tréazek.
4704	**Edgeworth** (Miss). Contes de l'adolescence.
4225	— Forester.
4280	**Enault** (Louis). Jours d'épreuves.
4587	— Pour Un!

4257	**Etiévant** (Camille). Madame Louise.
4630	**Fauquez** (Henry). Les adoptés du Boisvallon.
4387	**Ferry** (Gabriel). Les Aventuriers du Val d'Or.
4701	**Féval** (Paul). La Louve.
4702	— Les Veillées de famille.
4635	**Ficy** (P.). La destinée de Silvère.
4397	— Le ménétrier des Hautes-Chaumes.
4762	**Figuier** (Louis). Les bonheurs d'outre-tombe.
4596	**Filon** (Augustin). L'élève de Garrick.
4597	— Rénégat 1586-1593.
4736	**Flammarion** (Camille). Stella.
4598	**Flaubert** (Gustave). Salammbô.
4229	**Fleuriot** (Mlle Zenaïde). Armelle Trahec.
4295	— Un fruit sec.
4572	— Les Prévalonnais.
4547	**Florian** (Mary). Carmencita.
4546	— La faim et la soif.
4415	**Fonvielle** (W. de). Aventures aériennes.
4342	**Franay** (Gabriel). Le château des Airelles.
4600	— Mlle Huguette.
4343	— Mon chevalier.
4329	**France** (Anatole). Le crime de Sylvestre Bonnard.
4604	**Gautier** (Judith). Fleurs d'Orient.
4603	— Le vieux de la montagne.
4706	**Gay** (Sophie). Salons célèbres.
4601	**Gebhart** (Emile). Autour d'une tiare (1075-1085).
4616	**Gennevraye** (A.). Un château où l'on s'amuse.
4384	— La petite Louisette.
4373	— Marchand d'allumettes.
4602	**Glouvet** (Jules de). France 1418-1429.
4544	**Godard** (André). Chantegrolle.
4484	**Godard** (Léon). Soirées algériennes.
4742	**Guiraud** (Paul). La conversion de Gaston Ferney.
4636	**Guy** (H. et C.). Le roman d'un petit marin.
4403	**Guyon** (Charles). Les aventures d'un volontaire.
4378	**Haggard** (Rider). Découverte des mines du roi Salomon.
4430	**Hong-Tjyong-ou**. Le bois sec refleuri.
4637	**Houdetot** (Mme de). Ysabel.
4625	**Hugo** (Victor). Les Misérables. 8 vol.
4626	— Les Travailleurs de la mer. 2 vol.
4224	**Jacques**. Contes et causeries.
4691	**Joséfa** (Marie-Thérèse). Gabriel Gerfaut.
4733	**Kaiser** (Isabelle). Sorcière.
4494	**Karr** (Alphonse). Fa dièze.
4638	**Kergomard** (Mme P.). Heureuse rencontre.
4693	**Kock** (Ch. Paul de). La Bouquetière du Château-d'Eau. 2 vol.
4712	**Lacroix** (Octave). Padre Antonio.
4456	**La Madelène** (Henry de). Le comte Gaston de Raousset-Boulbon.
4260	**Lamartine** (de). Héloïse et Abélard.
4259	— Raphaël.

4438	**Lamothe** (A. de). L'auberge de la Mort.
4458	— Le capitaine Ferragus.
4439	— Histoire d'une pipe.
4351	**Lamy** (Georges). Voyage du novice Jean-Paul.
4720	**Landelle** (G. de la). Un corsaire sous la Terreur.
4788	**Langlois** (Mme H.). Pâté de pigeons.
4454	**Lapointe** (Armand). Reine coquette.
4628	**Laurie** (André). L'Ecolier d'Athènes.
4618	— Le nain de Rhadameh.
4619	— Les Naufragés de l'espace.
4375	— De New-York à Brest en sept heures.
4620	— Le rubis du Grand-Lama.
4617	— Le secret du Mage.
4376	— La Vie de collège dans tous les pays.
4258	**Leïla-Hanoum**. Un drame à Constantinople.
4426	**Léo** (André). Les aventures d'Edouard.
4182	— Une maman qui ne punit pas.
4385	**Lermont** (J.). Les jeunes filles de Quinnebasset.
4548	**Le Roux** (Hugues). Je deviens colon.
4642	**Loti** (Pierre). Le Désert.
4743	**Mac'Ramey**. Amours de sable.
4319	**Maël** (Pierre). Amour d'Orient.
4519	— Le drame de Rosmeur.
4455	— Un manuscrit.
4744	— Mariage mondain.
4639	— Robinson et Robinsonne.
4354	**Magbert** (Mme). — Histoire d'un vaurien.
4355	— Les lunettes bleues.
4421	**Maindron** (Maurice). Le tournoi de Vauplassans.
4552	**Mairet** (Jeanne). Chercheur d'idéal.
4713	**Maizeroy** (René). Souvenirs d'un officier.
4512	**Malot** (Hector). Les Amants.
4321	— Amours de jeune.
4320	— Amours de vieux.
4263	— Une bonne affaire.
4747	— Complices.
4511	— Les Enfants.
4513	— Les Epoux.
4734	— En Famille. 2 vol.
4746	— Mariage riche.
4745	— Le Roman de mes romans.
4305	— Zyte.
4748	**Malot** (Hector Mme). L'Amour dominateur.
4710	**Mané-Thécel-Pharès**. Histoires d'il y a vingt ans.
4423	**Margueritte** (Paul). Simple histoire.
4766	**Martrin-Donos** (Ch. de). Légendes et contes de Provence.
4737	**Meischke Smith** (W.). Croquis chinois.
4705	**Méry**. Le Château de la favorite.
4392	**Meyer** (H.). Le serment de Paul Marcorel.
4723	**Michiels** (Alfred). Drames politiques.
4312	**Moinaux** (Jules). Les Tribunaux comiques. 5 vol.
4721	**Montépin** (Xavier de). Le dernier des Courtenay.

4389	**Mouton** (Eugène). Les voyages merveilleux de Lazare Poban.
4441	**Muller** (Eugène). Contes rustiques.
4179	**Mussat** (Louise). Après le roman.
4451	**Nadar.** Quand j'étais étudiant.
4640	**Nanteuil** (Mme P. de). Alain le baleinier.
4390	— Alexandre Vorzof.
4393	— L'Héritier des Vaubert.
4341	**Naurouze** (Jacques). La Mission de Philbert.
4613	— A Travers la tourmente.
4235	**Noir** (Louis). Le Médecin juif.
4624	**Nousanne** (Henri de). Jasmin Robba.
4356	*Nouvelles suédoises : Jours d'épreuves.*
4450	**Ohnet** (Georges). Dette de haine.
4285	**Ouida.** Guilderoy. 2 vol.
4629	**Perrault** (Pierre). Ma sœur Thérèse.
4243	**Perret** (Paul). Les Bourgeois de campagne.
4234	**Pigault-Lebrun.** Le Mouchard.
4722	**Ponson du Terrail.** Diane de Lancy.
4268	**Poradowska** (Marguerite). Les filles du pope.
4567	— Marylka.
4308	**Pouchkine** (Alexandre). L'Aube russe.
4310	**Puibaraud** (Louis). Les malfaiteurs de profession.
4246	*Quatre ans de prison* (par un détenu, d'après l'anglais).
4749	**Réal** (Antony). La belle Bachelette.
4750	**Riche** (Daniel). Trouble d'âme.
4751	**Rodocanachi** (E.). Tolla la courtisane.
4537	**Roë** (Art.). Racheté.
4538	— Sous l'étendard.
4754	**Sales** (Pierre). Le Corso rouge.
4755	— L'Ecuyère.
4752	— L'enfant du péché.
4520	— Fille de prince.
4521	— Premier prix d'opéra.
4753	— Le haut du pavé.
4322	— Les Madeleines.
4323	— La Malouine.
4325	**Sand** (George). L'Homme de neige, 3 vol.
4204	**Sandeau** (Jules). Marianna, 2 vol.
4719	**Saunière** (Paul). Le capitaine Belle-Humeur.
4549	**Schultz** (Jeanne). Les fiançailles de Gabrielle.
4250	**Scott** (Walter). Le Pirate.
4769	**Simon** (Jules). Derniers mémoires des autres.
4399	**Stany** (Le commandant). Mabel.
4641	— Seule.
4550	**Sudermann** (H.). Le moulin silencieux.
4553	**Theuriet** (André). Années de printemps.
4610	— La Chanoinesse.
4699	— Reine des bois.
4443	**Tinseau** (Léon de). Faut-il aimer ?
4453	**Tolstoï** (Léon). Bonheur intime.
4344	**Trouessart** (C.). Cœur fermé.

4433 **Valois** (Charles). Le docteur André.
4775 **Vandérem** (Fernand). Les deux rives.
4352 **Varigny** (C. de). Voyage du matelot Jean Paul.
4289 **Verley** (A.). Dernier rayon.
4380 **Verne** (Jules). Le Château des Carpathes.
4446 — Claudius Bombarnac.
4621 — Clovis Dardentor.
4622 — Face au drapeau.
4447 — L'Ile à hélice, 2 vol.
4448 — Mirifiques aventures de Maître Antifer, 2 vol.
4379 **Verne** (Jules) et **Laurie** (André). L'Epave du Cynthia.
4770 **Vigné-d'Octon** (P.). Journal d'un marin.
4424 **Villeurs** (Jean de). Nouveaux contes de garnison.
4422 **Vincent** (Jacques). Un Bonheur.
4340 **Weyman** (Stanley). La maison du loup.
4632 **Witt** (née **Guizot,** Mme de). Père et fils. Les rois de la mer.
5555 **Zaccone** (Pierre). La vie à outrance.

VII

ENSEIGNEMENT — PÉDAGOGIE

4256 **Barrau** (Th.-H.). Modèle de composition et de style.
4493 **Benner** (E. et J.). Le livre de la Patrie.
4195 **Cuissart** (E.). Conférences pédagogiques.
4676 **Franklin** (Alfred). Ecoles et collèges.
4573 **Kergomard** (Pauline). L'éducation maternelle dans l'école, 2 vol.
4255 **Labbé** (Ern.). Manuel de la dissertation.
4254 **Petit** (Arsène). La Grammaire de l'art d'écrire.
4412 **Simon** (Jules). L'Ecole.
4492 **Vauclin** (Noël). Les Mémoires d'un instituteur français.

VIII

SCIENCES MATHÉMATIQUES

4368 **Bertrand** (Joseph). Les fondateurs de l'astronomie moderne.
4832 **Brasilier** (A.). Traité d'arithmétique commerciale.
4833 **Burat** (E.). Précis de mécanique.
4834 **Ducatel** (A.). Leçons d'arithmétique.
4459 **Gérard** (L.). Géométrie à l'usage des candidats aux baccalauréats de l'enseignement secondaire.
4836 **Gouilly** (A.). Géométrie descriptive : Changements de plans de projection. Rotations. Trièdres. Polyèdres.
4837 — Géométrie descriptive : Point. Ligne droite. Plan.
4835 —   —   Sphère, cône et cylindre de révolution. Sections coniques.
4801 **Imber** (A.). Cours de géométrie analytique.

IX

SCIENCES PHYSIQUES ET NATURELLES

4810 **Acloque** (A.). Faune de France, 2 vol.
4811 — Flore de France.
4206 **Berthoud** (S.-Henry). Causeries sur les insectes.
4251 — Fantaisies scientifiques de Sam.

4792 **Bourbouze** (J.-G.). Modes opératoires de physique.
4184 **Canu** (F.). Précis de météorologie endogène.
4796 **Courchet** (L.) Traité de botanique, 2 vol.

    1re partie : L'anatomie et la physiologie végétales.
    2e — Botanique spéciale.

4797 **Duval** (Mathias). Cours de Physiologie.
4813 **Falsan** (Albert). Les Alpes françaises, 2 vol.

    T. I. La flore et la faune.
    T. II. Les montagnes; les eaux, les glaciers.

4800 **Fernet** (E.). Cours de physique.
4202 **Garnault** (Eugène). Mécanique. Physique et chimie.
4798 **Gérardin** (Léon). Botanique. Anatomie et physiologie végétales.
4815 **Girard** (Henri). Aide-mémoire de botanique : Cryptogamique.
4816 — Aide mémoire de botanique : Phanérogamique.
4817 — — d'Embryologie.
4818 — — de Géologie.
4819 — — de Minéralogie et de Pétrographie.
4820 — — de Paléontologie.
4821 — — de Zoologie.
4814 — Anatomie comparée.
4207 **Mangin** (Arthur). Nos ennemis.
4715 **Raynaly** (E.). Les propos d'un escamoteur.
4803 **Tissandier** (Gaston). La Physique sans appareils.
4839 — Recettes et procédés utiles, 4 vol.
4829 **Wurtz** (M.-Ad.). Leçons élémentaires de chimie moderne.

X

AGRICULTURE — INDUSTRIE — MÉTIERS ET COMMERCE

4531 **Bouchot** (H.). La Lithographie.
4830 **Bourlet** (C.). Traité des bicycles et bicyclettes.
4831 **Boursault** (H.). Calcul du temps de pose en photographie.

— 23 —

4840 **Brault** (Julien). Histoire de la Téléphonie, le Phonographe, le Graphophone.
4372 **Font-Réaux** (H. de). Les Canaux.
4688 **Franklin** (Alfred). L'Annonce et la réclame. Les cris de Paris.
4680 — Le Café, le Thé et le Chocolat.
4677 — La Cuisine.
4690 — Les Magasins de nouveautés. 3 vol.
4569 **Gautier** (Emile). L'Année scientifique et industrielle.
4481 **Giard** (E.). Lettres sur la photographie.
4831 **Joubert** (J.). Traité élémentaire d'électricité.
4790 **Léautey** (Eugène). Traité des inventaires et des bilans.
4802 **Londe** (Albert). La Photographie moderne.
4822 **Passy** (Pierre). Arboriculture fruitière.
4291 **Roger-Milès**. La Bijouterie.
4783 **Vibert** (Paul). Les Industries nationales.

XI

SCIENCES MÉDICALES — HYGIÈNE

4297 **Ammon** (D^r. F. A. d'). Le livre d'or de la jeune mère.
4189 **Arthus** (Maurice). Coagulation des liquides organiques.
4823 **Brissaud** (E.). L'Hygiène des asthmatiques.
4824 **Casteix** (Dr A.). Hygiène de la voix parlée et chantée.
4674 **Franklin** (Alfred). L'Enfant : la naissance; le baptême.
4675 — L'Enfant : la layette; la nourrice, etc.
4683 — Les Chirurgiens.
4684 — L'Hygiène.
4681 — Les Médecins.
4685 — Les Médicaments.
4679 — Les Repas.
4687 — Les soins de toilette.
4682 — Variétés chirurgicales.
4678 — — gastronomiques.

4491 **Galtier-Boissière.** Notions élémentaires d'hygiène pratique.
4188 **Held** (Alfred). Les alcaloïdes de l'opium.
4425 **Labord** (Dr J. V.). La lutte contre l'alcoolisme.
4826 **Lacassagne** (A.). Précis d'hygiène privée et sociale.
4828 **Manaceine** (Marie de). Le Sommeil.
4827 — Le surmenage mental dans la civilisation moderne.
4190 **Martha** (A.). Les intoxications alimentaires.
4799 **Napios** (Dr Henri). Manuel d'Hygiène industrielle.
4791 **Noir** (Dr Julien). Hygiène et secours et premiers soins à donner aux malades et blessés.

XII

SCIENCES MILITAIRES

4665 **Ambert** (le général). Les soldats français.
4707 **Aubray** (Maxime). Le 145e régiment.
4405 **Bujac** (E.). L'armée russe.
4358 **Lavisse** (Emile). Tu seras soldat.
4253 **Muller** (Louis). Guide législatif du sous-officier.
4768 **Richard** (Le capitaine). Cantinières et vivandières françaises.

XIII

BEAUX-ARTS ET ARTS INDUSTRIELS — MUSIQUE

§ 1er. Beaux-arts et arts industriels.

4716 **Auriac** (Eugène d'). Description de la fameuse église Saint-Cecile d'Albi.
4429 **Bilbaut** (Théophile). L'Art céramique au coin du feu.
4532 **Gayet** (Al.). L'Art persan.
4299 **Girard** (Paul). La Peinture antique.
4533 **Merson** (Olivier). Les Vitraux.

§ 2. Musique.

4301 **Bellaigue** (Camille). L'Année musicale et dramatique. 2 vol.
4300 — Psychologie musicale.
4502 **Boïto** (A.). Méphistophélès. Opéra.
4725 **Catel**. Traité d'harmonie.
4437 **Escudier** (Léon). Mes Souvenirs : Les virtuoses.
4726 **Flaminio**. Recueil de morceaux choisis pour chant.
4522 **Jaël** (Marie). Le Toucher. Nouveaux principes élémentaires pour l'enseignement du piano. 2 vol.
4523 *Lulli à Méhul. Airs à danser.*
4339 *Morceaux choisis* concertants pour piano à quatre mains. 2 vol.
4524 *Morceaux divers :* Piano et chant.
4525   —   —
4526   —   —
4527   —   —

4724	**Planquette** (Robert). La Cocarde tricolore.
4169	— Rip. Opéra comique.
4787	**Spinetti** (Guido). Treize poésies.
4504	**Verdi** (Guiseppe). Falstaff. Comédie lyrique.
4508	**Wagner** (R.). Le Crépuscule des Dieux.
4507	— Les Maîtres chanteurs de Nuremberg.
4505	— L'Or du Rhin.
4506	— Parsifal.
4503	**Widor** (Ch. M.). La Korriganne.

XIV

BIBLIOTHÈQUE DE LA JEUNESSE

4348	**Blandy** (S.). Droit chemin.
4371	**Candèze** (D^r). Perinette.
4646	**Cheville** (G. de). Les Eléphants.
4647	— Oiseaux chanteurs.
4347	**Delorme** (Marie). Chez Mlle Hortense.
4396	**Demoulin** (Mme.). Aventures d'un écolier en rupture de ban.
4648	**Fernay** (Jacques). Grand'mère et bonne maman.
4649	**Granstrom** (E.). La nouvelle Robinsonnette.
4350	**Jarry** (J.). Historiettes pour Pierre et Paul.
4650	**Katchoulcoff** (Mme.). Le Robinson de la forêt russe.
4545	**Le Roux** (Hugues). O mon passé !
4349	**Malassez** (Mme J.). Journées de deux petits parisiens.
4236	**Pitray** (Mme la vicomtesse de). Les enfants des Tuileries.
4346	**Rolida** (A.). Le moulin Fliquette.
4483	**Weyer** (Maria). Recueil de lettres.
4482	**Witt** (née Guizot, Mme de). Les cœurs aimants.
4290	— Sur quatre roues.

TABLE DES NOMS D'AUTEURS

PAR ORDRE ALPHABÉTIQUE

A

Achard (Amédée), 15.
Acloque (A.), 21.
Aicard (Jean), 12, 15.
Aimard (Gustave), 15.
Ainsworth (W.-H.), 15.
Ajalbert (Jean), 10.
Alone (F.), 15.
Ambert (Le général), 24.
Amélineau (E.), 7.
Ammon (D.-F.-A. d'), 23.
Antoine (J.-B.), 7.
Ardouin-Dumazet, 15.
Arène (Paul), 15.
Armelin (Gaston), 7.
Aron (Joseph), 7.
Arthèz (Danielle d'), 15.
Arthus (Maurice), 23.
Artois (Armand d'), 15.
Assolant (A.), 15.
Aubray (Maxime), 24.
Auriac (Eugène d'), 7, 15, 25.
Avenel (Henri), 12.

B

Badin (Adolphe), 15.
Bardoux (M.-A.), 12.
Barine (Arvède), 12, 15.
Baron (Léon), 12.
Barral (Georges), 7.
Barrau (Th.-H.), 20.
Batbie (A.) et Boillot (A.), 6.
Bazin (René), 15.
Beecher-Stowe (Mme H.), 15.
Beissier (Fernand), 10.
Bellaigue (Camille), 25.
Belot (Adolphe), 15.
Benedict, 15.
Benner (E. et S.), 20.
Bentzon (Th.), 10, 15.
Berkeley (Charles de), 15.
Berr de Turique (J.), 15.
Bertheroy (Jean), 15.
Berthoud (S.-Henry), 21.
Bertin (Ernest), 7.
Bertin (Georges), 8.
Bertrand (Joseph), 21.
Bilbaut (Théophile), 25.
Blanc (Martial), 15.
Blandy (S.), 15, 26.
Blaze (Sebastien), 8.
Bleicher (G.), 10.
Bocher (A.), 6.
Boissier (Gaston), 10.
Boïto (A.), 25.
Bonet-Maury (G.), 5.
Bonnemain (Henri), 12.
Bonvalot (Charles), 10.
Bordone (Général), 8.
Bouchot (H.), 22.
Boudin (David), 8.
Bouffé, 12.
Bougainville, 10.
Boukay (Maurice), 12.
Boulangier (Edgar), 10.
Bourbouze (J.-G.), 22.
Bourget (Paul), 15.
Bourlet (C.), 22.
Boursault (Henri), 22.
Boussenard (Louis), 15.
Brachet (Auguste), 12.
Brada, 15.
Braddon (M.-E.), 15.
Brasillier (A.), 21.
Brault (Julien), 23.
Brissaud (E.), 23.
Brizeux (Auguste), 12.
Brunet (J.-F.), 15.
Brunet (Louis), 10.
Brunetière (Ferd.), 12, 15.
Bruno (Camille), 13.
Bujac (E.), 24.
Burat (E.), 21.
Burnett (MM.), 15.
Busnach (William), 16.

C

Cagnat (R.) et Saladin, 10.
Cahu (Th.), 10, 16.
Cameron (V.-L.), 10.
Candèze (Dr), 26.
Candiani (R.), 16.
Canu (F.), 22.
Caro (Mme E.), 16.
Castex (Dr A.), 23.

Catel, 25.
Cauvain (Henry), 16.
Céalis (Edouard), 10.
Cerfbeer (Gaston), 16.
Challamel (Augustin), 8.
Chalon (Henri), 13.
Chambon (M.), 8.
Champfleury, 16.
Champol, 16.
Chantagrel (M.-J.), 6.
Cherbuliez (Victor), 16.
Chéron de la Bruyère (Mme), 16.
Cherville (G. de), 26.
Chincholle (Charles), 16.
Cim (Albert), 16.
Claretie (Jules), 8, 16.
Coignet (J.), 16.
Conférences, 13.
Conscience (Henri), 16.
Constant de Tours, 10,
Coppée (François), 13.
Cornut (Samuel), 16.
Cotteau (Edmond), 10.
Courchet (L.), 22.
Crawford (F. Marion), 16.
Croiset (Maurice), 13.
Cuissart (E.), 20.

D

Dalmas (le comte Raymond de), 10.
Daltenheyem (M.-B.), 8.
Danrit (le capitaine), 16.
Dareste (Rodolphe), 16.
Daudet (Alphonse), 15.
David-Sauvageot, 13.
Davyl (Louis), 16.
Delorme (Amédée). 16.
Delorme (Marie), 6, 26.
Demage (G.), 10.
Demoulin (Mme), 26.
Deschamps (François), 16.
Deschamps (Gaston), 16.
Deschaume (Ed.), 8.
Deslys (Charles), 16.
Desmaisons (L.-Ch.), 6.
Desmarets (Henri), 16.
Destin, 16.
Destruels (E.), 6.
Diderot, 13.
Dieulafoy (Jane), 16.
Dionys (E.), 16.
Docquois (Georges), 16.
Dombre (R.), 16.
Dostoievsky (Th.), 16.
Double (Lucien), 16.
Doumic (René), 13.
Drumont (Edouard), 16.
Dubarry (Armand), 16.
Dubois (Félix), 10, 16.
Dubois (Marcel), 6, 10.

Dubucquoy (A.), 6.
Dubuisson (F.), 6.
Du Camp (Maxime), 13.
Ducatel (A.), 21.
Dumas (Alexandre), 16.
Dumoutier (G.), 10.
Dupin de Saint-André, 16.
Duplais (L.), 8.
Dupuy (Antonin), 16.
Dupuy (Ernest), 13.
Dutremblay (Dr Louis), 8.
Duval (Mathias), 22.

E

Edgeworth (miss), 16.
Enault (Louis), 16.
Escudier (Léon). 25
Etiévant (Alfred), 8.
Etiévant (Camille), 17.

F

Fabre (Joseph), 8.
Faguet (Emile), 13.
Falsan (Albert), 22.
Farini (G.-A.), 10.
Fauquez (Henri). 17.
Fernay (Jacques), 26.
Fernet (E.), 22.
Ferry (Gabriel), 17.
Feuillet (Octave), 13.
Féval (Paul), 17.
Fichte (J.-G.), 5.
Ficy (P.), 17.
Figuier (Louis), 17.
Filon (Augustin), 13, 17.
Flaminio, 25.
Flammarion (Camille), 17.
Flaubert (Gustave), 13, 17.
Flers (Robert de). 10.
Fleuriot (Z.), 17.
Florian (Mary), 17.
Font-Réaux (de), 23.
Fonvielle (de), 17.
Fouillée (Alfred), 13.
Franay (Gabriel), 17.
France (Anatole), 17.
Franklin (Alfred), 6, 20, 23.

G

Gallot (L.), 13.
Galtier-Boissière (D^r), 24.
Ganneron (Emile), 6.
Garnault (Eugène), 22.
Garnier (Jules), 10.
Gautier (Emile), 23.
Gautier (Judith), 17.
Gautier (Théophile), 13.

Gay (Sophie), 17.
Gayet (Al), 25.
Gebhart (Emile), 17.
Geffroy (Gustave), 8.
Gennevraye (A.), 17.
Gérard (L.), 21.
Gérardin (Léon), 22.
Giard (E.), 23.
Girard (Henri), 22.
Girard (Paul), 25.
Glouvet (Jules de), 17.
Godard (André), 17.
Godard (Léon), 17.
Gouilly (A.), 21.
Grandin (Mme Léon), 11.
Grandjean (Maurice), 11.
Granstrom (E.), 26.
Gréard (O.), 13.
Grenest, 8.
Guadet (J.), 8.
Guillon (E.), 8.
Guiraud (Paul), 17.
Guizot (et Cornélis de Witt), 8.
Guy (H. et C.), 17.
Guyon (Charles), 17.

H

Haggard (Rider), 17.
Hardy (H.), 13.
Haussonville (le comte d'), 6, 13.
Held (Alfred), 24.
Hong-Tjyong-ou, 17.
Houdedot (Mme de), 17.
Houssaye (Arsène), 8.
Hugo (Victor), 13, 17.
Huguet (Edmond), 13.
Huret (Jules), 6.

I

Ibsen (Hemik), 13.
Imber (A.), 21.
Isambert (Gustave), 8.

J

Jacques, 17.
Jaël (Marie), 25.
Janet (Paul), 5.
Janzé (de), 8.
Jarras (Mme), 8.
Jarry (J.), 26.
Jeannel (C.-J.), 13.
Jehan de la Cité, 8.
Jèze (Gatson), 6.

Josépha (M.-Th.), 17.
Joubert (J.), 23.
Juillet Saint-Lager, 6.

K

Kaiser (Isabelle), 17.
Karr (Alphonse), 17.
Katchoulcoff (Mme), 26.
Kergomard (Mme P.), 17, 20.
Kock (Ch. Paul de), 17.

L

Labbé (Ern.), 20.
Labonne (Dr Henry), 11.
Laborde (D.-J.-V.), 24.
Lacassagne (A.), 24.
Lacroix (Octave), 17.
Lafenestre (Georges), 13.
Lailler (Maurice), 6.
La Madeleine (Henry de), 17.
Lamartine (de), 13, 17.
Lambert (Albert), 13.
Lamothe (A. de), 18.
Lamy (Georges), 18.
La Landelle (G. de), 18.
Langlois (Mme H.), 18.
Lano (Pierre de), 8.
Lanson (Gustave), 13.
Lapointe (Armand), 18.
Lapparent (A. de), 11.
Laprade (Victor de), 13.
Larivière (Ch. de), 8.
Larroumet (Gustave), 13.
Launay (de), 11.
Laurie (André), 18.
Lavisse (Emile), 24.
Léautey (Eugène), 23.
Lecoy de la Marche (A.), 9.
Legouvé (Ernest), 13.
Legrand (Louis), 9.
Leïla-Hanoum, 18.
Lejeune (général), 9.
Le Mansois-Duprey, 9.
Lenient (Ch.), 13.
Léo (André), 18.
Le Pelletier (Emile), 6.
Lermont (J.), 18.
Le Roux (Hugues), 11, 18, 26.
Le Senne (Camille), 13.
Lévy (Daniel), 11.
L'expansion de la France, 7.
Liard (Louis), 5.
Lichtenberger (Er.), 13.
Lissagaray, 9.
Loiseleur (Jules), 7.
Loizillon (Henri), 9.
Londe (Albert), 23.
Lope de Rueda, 13.
Loti (Pierre), 18.
Lulli à Méhul, 25.

M

Mac' Ramey, 18.
Maël (Pierre), 11, 18.
Magbert (Mme), 18.
Maindron (Maurice), 18.
Mairet (Jeanne), 18.
Maizeroy (René), 18.
Malassez (Mme J.), 26.
Malot (Mme Hector), 18.
Malot (Hector), 11, 18.
Manaceïne (Marie de), 24.
Mané-Thécel-Pharès, 18.
Mangin (Arthur), 22.
Margueritte (Paul), 18.
Martha (A.), 24.
Martin (Alexis), 11.
Martineau (A.), 11.
Martrin-Donos (Ch. de), 18.
Matrat (Paul), 7.
Maureil-Parot (Elia), 5.
Meischke Smith (W.), 18.
Melegari (D.). 9.
Menant (J.), 9.
Ménorval (E. de), 9.
Merson (Olivier), 25.
Méry, 18.
Meyer (H.), 18.
Mézières (A.), 13, 14.
Michelet, 14.
Michiels (Alfred), 18.
Milton, 14.
Moinaux (Jules), 18.
Moltke, 9, 14.
Monceaux (P.), 14.
Monnier (M.), 11.
Montano (Dr J.), 11.
Montégut (Emile), 9.
Montépin (Xavier), 18.
Morceaux choisis, 25.
Morceaux divers, 25.
Morillot (P.), 14.
Mouton (Eugène), 19.
Muller (Eugène), 19.
Muller (Louis), 24.
Mussat (Louise), 19.

N

Nadard, 19.
Nadaud (M.), 5.
Nansen (Fridtjof), 11.
Nanteuil (Mme P. de), 19.
Napias (Le Dr H.), 24.
Naurouze (Jacques), 16.
Nibor (Yann), 14.
Nicolas (George), 5.
Noir (Dr Julien), 24.
Noir (Louis), 19.
Noms révolutionnaires, 9.
Noussane (H. de), 19.
Nouvelles suédoises, 19.

O

Ohnet (Georges), 19.
O'Meara (K.), 14.
Ouida, 19.

P

Papillon (F.), 5.
Parlon (Léon), 7.
Parodi (Alexandre), 14.
Passy (F.), 7.
Passy (Pierre), 23.
Paulian (Louis), 7.
Pensa (Henri), 11.
Perdoux (Victor), 9.
Perrault (Pierre), 19.
Perret (Paul), 19.
Petit (Arsène), 20.
Pichon (S.), 7.
Pigault-Lebrun, 19.
Piolet (J.-B.), 11.
Pitot (le lieutenant), 9.
Pitray (Mme la vtesse de), 26.
Planquette (Robert), 26.
Ponson du Terrail, 19.
Poradowska (Marguerite), 19.
Porcher (Jacques), 11.
Port (Célestin), 9.
Pottet (Eugène), 9.
Pouchkine (Alexandre), 19.
Prescott (W.-H.), 11.
Prévost-Paradol, 9.
Puibaraud (Louis), 19.

Q

Quatre ans de prison, 19.
Quinet (Edgar), 14.

R

Rabot (Charles), 11.
Radiguet (Max), 11.
Raynaly (E.), 22.
Réal (Antony), 19.
Reinach (Joseph), 14.
Renan (Ernest), 14.
Rethoré (F.), 5.
Richard (le capitaine), 24.
Riche (Daniel), 19.
Richepin (Jean), 14.
Robertet (G.), 14.
Robida (A.), 26.
Robischung, 11.
Rocheblave, 14.
Rodocanachi, 19.
Roë (Art), 19.
Roger-Milès, 23.

Rolle (Georges), 14.
Roques (Antonin), 14.
Rousseau (J.-J.), 14.
Rousset (Camille), 9.
Rousset (Léon), 11.
Routier (Gaston), 7.
Rouvier (Charles), 9.

Tivier (H.), 14.
Todière (M.), 10.
Tolstoï (Léon), 19.
Tomel (Guy), 5.
Touche (C.), 14.
Tournier (Albert), 10.
Trébuchet (Léon), 10, 12.
Trouessart (C.), 19.

S

Saint-Albin (Emm. de) 7.
Saint-Arroman (R. de), 11.
Saint-Elme (Ida), 9.
Saint-Paul (Bertrand), 7.
Sales (Pierre), 19.
Salières (A), 9.
Samson, 14.
Sand (George), 14, 19.
Sandeau (Jules), 19.
Sassenay (Marquis de), 9.
Saunière (Paul), 19.
Sayce (A.-H.), 9.
Saynètes et Monologues, 14.
Schiller, 9.
Schultz (Jeanne), 19.
Scott (W.), 19.
Ségur (général comte de), 9.
Seignobos (Mme D.), 7.
Sepet (Marius), 9.
Sextius-Michel, 14.
Simon (Jules), 19, 20.
Sophocle, 14.
Spinetti, 26.
Spuller, 14.
Stany (le commandant), 19.
Stapfer (Paul), 14.
Strauss (Paul), 7.
Stupuy (H^{te}), 5.
Sudermann (H.), 19.
Sylvanecte (Mme G. Graux), 9.

U

Ujfalvy-Bourdon (Mme de), 12.

V

Valois (Charles), 20.
Vandérem (F.), 20.
Vanderheym (J.-G.), 12.
Varigny (C. de), 12, 20.
Vauclin (Noël), 20.
Verdi (G.), 26.
Verley (A.), 20.
Verne (J.) 20.
Verne (J.) et (A.) Laurie, 20.
Verschuur, 12.
Vibert (P.), 23.
Viennet (M.), 14.
Vigné d'Octon (P.), 20.
Vigny (Alfred de), 14.
Villeurs (Jean de), 20.
Vincent (Jacques), 20.
Vinson (Julien), 12.
Virgile, 14.
Vogüé (Vte E. Melchior de), 14.

W

Wagner (R.), 26.
Weil (Georges), 10.
Welschinger (Henri), 10.
Weyer (Maria), 26.
Weymann (S.), 20.
Widor (Ch.-M.), 26.
Witt (Mme de), née Guizot, 12, 20, 26.
Wurtz (M.-Ad.), 22.

T

Taine (H.), 9.
Talboys-Wheeler (J.), 11.
Tanneguy de Wogan, 11.
Tarbouriech (E.), 7.
Theuriet (André), 19.
Thierry (Amédée), 10.
Thomson (Joseph), 11.
Tinseau (Léon de), 19.
Tissandier (Gaston), 22.
Tissot (Victor), 11.

Z

Zaccone (Pierre), 20.

Paris et Limoges. — Imp. milit. H. CHARLES-LAVAUZELLE.

CONSEILS AUX LECTEURS

Les précautions suivantes sont recommandées :

Tenir les livres, lorsqu'on les lira, revêtus d'une couverture ;

Autant que possible, lire ayant le livre placé devant soi sur une table ;

A défaut de table, tenir le livre tout ouvert dans la main, évitant de le replier sur lui-même, les derniers feuillets renversés sur les premiers, ce qui le briserait dès une première lecture ;

Ne point marquer au moyen d'un pli, ou d'une corne, la page à laquelle on s'est arrêté : celui qui croira devoir faire usage d'une marque, placera dans le volume une petite bande de carte ou de papier ;

Prendre garde qu'il ne soit fait ni écritures, ni taches, soit sur les couvertures, soit à l'intérieur des livres ;

Ne pas tourner les feuillets en les froissant avec un doigt mouillé, pratique non seulement malpropre, mais dangereuse au point de vue de la propagation des maladies contagieuses ;

Renfermer le volume dans un meuble après chaque lecture.

Ces soins sont prescrits dans l'intérêt de tous ; on ne doute pas que chaque lecteur ait à cœur de les observer.

AVIS

HEURES D'OUVERTURE

DES

BIBLIOTHÈQUES MUNICIPALES

DU

VIe ARRONDISSEMENT

Bibliothèque publique de lecture sur place. **Mairie**	Tous les soirs de 8 heures à 10 heures, excepté le dimanche et les jours fériés.
Bibliothèque de prêt gratuit à domicile. **Mairie**	Tous les jours de 4 à 6 heures et de 8 à 10 heures du soir. Le dimanche, de 9 heures à 11 heures du matin.
Bibliothèque de prêt gratuit Section de Dessin. **Mairie**	Tous les jours de 4 à 6 heures et de 8 à 10 heures du soir. Le dimanche de 9 heures à 11 heures du matin.
Bibliothèque de prêt gratuit à domicile. **Rue Saint-Benoit, 12,** ÉCOLE DE GARÇONS	Tous les soirs de 8 heures à 10 heures. Le dimanche, de 9 heures à 11 heures du matin.
Bibliothèque de prêt gratuit à domicile. **Rue du Pont-de-Lodi, 2**	Tous les soirs de 8 heures à 10 heures. Le dimanche de 9 heures à 11 heures du matin.
Bibliothèque de prêt gratuit à domicile. **Rue de Vaugirard, 85.**	Tous les soirs de 8 heures à 10 heures. Le dimanche de 9 heures à 11 heures du matin.

www.ingramcontent.com/pod-product-compliance
Lightning Source LLC
Chambersburg PA
CBHW060713050426
42451CB00010B/1422